I0792357

DETOX EMOCIONAL

UN PLAN DE 21 DÍAS PARA

ELIMINAR LA NEGATIVIDAD DE TU VIDA

A todas las personas que han pasado por mi vida

y que me han enseñado a desintoxicarme.

ÍNDICE

¿Qué es Detox Emocional? 1

Un aviso antes de empezar 5

PRIMERA PARTE: Pensamientos distorsionados 7

Día 1: Fuera quejas 8

Día 2: Los "deberías" 10

Día 3: No generalices 15

Día 4: Tu mantra 20

Día 5: No te compares 24

Día 6: Todo es terrible 28

Día 7: Preocuparse no sirve de nada 32

SEGUNDA PARTE: Emociones enquistadas y desadaptativas 37

Día 8: El rencor es veneno 38

Día 9: Los ataques de ira no te ayudan 43

Día 10: La envidia y sus enseñanzas 47

Día 11: Tu ansiedad por controlar 50

Día 12: El sufrimiento innecesario 54

Día 13: Los Miedos 59

Día 14: La apatía 63

TERCERA PARTE: Entornos y personas tóxicas.....................67

Día 15: Vigila tu entorno 68

Día 16: Aléjate de los tóxicos 71

Día 17: Tú mandas en tu vida 75

CUARTA PARTE: Hábitos no saludables y conductas tóxicas..79

Día 18: Las adicciones.. 80

Día 19: Tu salud es lo más importante................. 84

Día 20: Tu rutina 88

Día 21: Tu tiempo vital 91

Detox emocional de 1 día....................................99

APÉNDICE 1: Los derechos asertivos 120

Un regalo extra 101

¿Qué es Detox Emocional?

Sé que podemos vivir muy felices todos los días, pero créeme, nos gusta complicamos la vida.

Y como nos perdemos en los pequeños detalles que nos hacen tirar por la borda un día magnífico, vengo a ayudarte para deshacerte de esos tóxicos y esa negatividad que nos impide vivir plenamente.

Me llamo Ana Vico, psicóloga especializada en Inteligencia Emocional. Soy entrenadora emocional en mi web BeFullness.com desde el 2014, donde hablo de técnicas de inteligencia emocional aplicada para mejorar tu vida en el aspecto personal y profesional.

Además, llevo años acompañando a emprendedores a reforzar su *mindset* para encontrar el equilibrio entre su vida personal y profesional.

Muchas personas de distintos países de habla hispana han pasado por mis manos y he podido acompañarlas con mi método. Este Detox Emocional es un programa de 21 días en el que aprenderás a deshacerte de esas rutinas y hábitos que te llenan la vida de negatividad.

Llevo años perfeccionando el contenido y validándolo con cientos de alumnos a lo largo de estos años en mi web con resultados positivos. Ahora quiero compartirlo contigo y te lo presento en este libro.

Pero primero, déjame contarte cómo vamos a hacer este Detox Emocional.

- **PRIMERA PARTE: Pensamientos distorsionados**

  Abordaremos los pensamientos y las distorsiones cognitivas que nos afectan emocionalmente y que acaban haciéndonos mucho daño.

- **SEGUNDA PARTE: Emociones enquistadas y desadaptativas**

  Trabajaremos esas emociones que no ayudan a sentirnos mejor y que además son totalmente inútiles pasado el tiempo que les corresponde: el rencor, la envidia, el enfado, el estrés...

- **TERCERA PARTE: Entorno y personas tóxicas**

  Lo que nos rodea y que nos afecta inevitablemente. Dime cómo es tu entorno y te diré quién eres, pues, si queremos cambiar nuestra vida deberemos cambiar nuestro entorno.

- **CUARTA PARTE: Hábitos no saludables y conductas tóxicas**

  - Esos hábitos y rutinas que limitan nuestra felicidad, esas conductas obsesivas y

recurrentes que nos provocan sufrimiento...
¡Diles adiós para siempre y empieza a vivir tu
vida sin estos tóxicos!

Todo durante los siguientes 21 días. ¿Comenzamos?

Un aviso antes de empezar

Ningún cambio se consigue sin esfuerzo. Este Detox Emocional está diseñado para realizarse poco a poco, día tras día. Si haces lo que te recomiendo durante el día que toque, verás resultados rápidamente.

Para ello necesito que *me* dediques 30 minutos... ¡Qué digo! Que te dediques a ti mismo/a 30 minutos cada día, porque yo no soy la que va a cambiar, serás tú.

¿Cuánto tiempo inviertes al día en mejorarte a ti mismo/a? Media hora al día no es nada comparado con los resultados que puedes obtener. Vamos, ve pensando en "tu hueco" de cada día y concédete ese tiempo.

¿Qué 30 minutos al día vas a dedicar a leer tu reto diario y a ponerlo en práctica?

Aprovecha para pensarlo y ponerlo en tu agenda. Así, cuando te avise la alarma te pondrás directamente a trabajar en tu interior.

PRIMERA PARTE:
Pensamientos distorsionados

"Importa mucho más lo que tú piensas de ti mismo

que lo que los otros opinen de ti."

- Séneca -

Día 1: Fuera quejas

Habrás notado que las personas que se quejan todo el rato son más infelices, más taciturnas y además envejecen antes. Y es que enfocarte en lo malo, en lo negativo, sólo genera más frustración y energía negativa.

Está bien quejarse, pero quejarse constructivamente. Si por ejemplo hay una obra cerca de tu casa donde llega toda la contaminación acústica, podrías quejarte y llenarte de más energía negativa o bien podrías poner una solución: hablar con los obreros, cerrar las ventanas, salir a la calle y aprovechar para hacer las compras...

¡Lo peor es que la mayoría de las veces nos quejamos por vicio! Que si tardan mucho en traerme el café, que si llueve y me he mojado los zapatos, que si está el tráfico fatal... Como ves, las quejas nos consumen mucha energía y a veces incluso nos agotan. ¿Y si nos deshacemos de ellas?

"Nadie se queja de tener lo que no se merece".
- Jane Austen -

Reto para el Día 1: Pasa 24 Horas Sin Quejarte

Por eso hoy te pido que estés 24 horas sin quejarte. ¡Todo el día de hoy! Pensarás que es muy fácil, que vaya reto simple para comenzar el Detox, pero nada más lejos de la realidad.

Quiero empezar por este cambio de mentalidad porque así te darás cuenta de cuántas veces nos quejamos al cabo del día, ¡Y muchas veces por niñerías!

Además, quiero que sea la primera tarea del detox porque podrás mantener este reto de NO QUEJARTE durante todos los 21 días. ¿Te atreves?

Recuerda

Quejarse nos consume mucha energía y nos enfoca a lo negativo, sin aportar ninguna solución. Simplemente nos deja en una postura pasiva y sumisa. ¡Pasa 24 horas sin quejarte!

Te deseo un feliz día y que aproveches para quitarte esas quejas inservibles y exageradas.

Día 2: Los "deberías"

¿Qué tal te fue ayer con tus 24 horas sin quejarte? ¿Lo conseguiste?

No te preocupes si no lo lograste, ¡Yo la primera vez que lo intenté, tampoco lo conseguí! Sin embargo, es un buen punto de partida para empezar a ser más consciente de cómo nos hablamos y cómo es nuestro diálogo interno.

El diálogo interno es como se llama a todo aquello que nos decimos, como si fuera nuestra voz de la conciencia y, que a veces, se convierte en nuestro peor enemigo.

El diálogo interno nos suele decir cosas como: "eres un fracasado", "nunca haces nada bien", "tengo que ser más organizado", "están pensando que soy una mala persona", "no puedo hacerlo", "debería ser más sociable", etc.

Pero el diálogo interno también puede ayudarnos a estar mejor con nosotros mismos, por ejemplo, pensando: "tú sí puedes", "lucha por lo que mereces", "ya soy feliz con lo que tengo", "le gusto a la gente que me rodea", etc.

Supongo que querrás tener un diálogo interno y unos pensamientos potenciadores y motivadores. Y es que, lo que pensemos, tiene mucho que ver con lo que hagamos, y lo que hagamos con lo que al final será nuestra vida.

"El que puede cambiar sus pensamientos puede cambiar su destino"
- Stephen Crane -

¿Por qué no cuidar esas palabras que nos decimos? Vamos con la tarea de hoy.

Reto del Día 2: Cambia tus "Deberías" y tus "Tengo Que"

Supongo que te quieres y que quieres hablarte con cariño y con tacto, ¿verdad? Pues quererte y hablarte de manera positiva empieza por cómo pensamos.

¿Cuántas veces has dicho "debería hacer esto o debería hacer aquello"? ¿Y "debería ser de tal manera o de tal otra"?

Los "deberías" y los "tengo que" (que son casi sinónimos) nos ponen en una posición de obligación. Sentimos que estamos obligados a hacer algo o ser de determinada manera, y nada es peor que obligar a alguien hacer algo que no quiere. ¿Por qué hacerlo con nosotros mismos?

Para combatir los "deberías" y los "tengo que" te recomiendo que, a lo largo del día de hoy, estés atento a ellos y cada vez que los digas o los pienses, te cuestiones: ¿REALMENTE DEBO? ¿REALMENTE TENGO QUE HACERLO?

Y te invito a ir un paso más allá. ¿Qué tal si cambias el "tengo que" por "quiero"? Te pondré un ejemplo:

1. Debería arreglarme e ir a la fiesta → Te pondrás de mal humor buscando el modelito que tendrás que llevar, pensarás en las pocas ganas que tienes de ir pero que es necesario que vayas porque ¿qué van a decir si no vas? Y al final estarás de mal humor y no disfrutarás de la fiesta.

2. Quiero arreglarme e ir a la fiesta → A lo mejor hace días o semanas que no te arreglas y te pones tus mejores galas. A mí por ejemplo me encanta pintarme los ojos y ponerme "guapa" de vez en cuando.

Entonces "quiero" arreglarme. Y si realmente no me apeteciera, como "no quiero arreglarme e ir a la fiesta" simplemente se convertirá en una elección no en una obligación.

Te pondré otro ejemplo que te hará cambiar de perspectiva.

1. Tengo que limpiar la casa → Te sentirás obligado a limpiarla y te resultará mucho más tedioso y aburrido. Te preguntarás "¿Por qué a mí?" "¿Por qué nadie me ayuda a limpiar?" Y eso conducirá a sentirte como un instrumento de limpieza, infravalorado y acabarás enfadándote con todo el mundo.

2. Quiero limpiar la casa → De primeras dirás, "¿Quiero es la palabra?" Pero te darás cuenta de que, si no limpiaras, la casa estaría muy sucia y no podrías traer invitados a cenar, y eso te encanta... así que al final te das cuenta que para tener momentos agradables en tu casa, es mejor que esté limpia.

Como ves, nos quitamos peso y eliminamos el factor "obligación". Así te hablarás de una manera más amable y eliminarás la negatividad de los "debería".

Recuerda

Estar atento a lo largo de hoy a los "tengo que" y a los "debería" y cambiarlos por "QUIERO". Nota como te liberas del peso al hablarte así y si realmente quieres o no quieres. ¡Es tu elección!

TENGO QUE ⇆ QUIERO
DEBERÍA ⇆ QUIERO

Día 3: No generalices

¿Qué tal te fue ayer? ¿Detectaste muchos "deberías"? Si quieres y te resulta fácil, puedes seguir estando atento a tus "tengo que" y a tus "deberías", es una práctica muy recomendable. Así harás lo que realmente quieres hacer, y te desharás de las auto-obligaciones mentales.

¡Seguimos trabajando nuestros pensamientos limitantes! Y es que hay mucho que cambiar...

¿Recuerdas la importancia de tener pensamientos positivos y enfocarte en lo bueno en vez de en lo malo y negativo? Pues hoy te quiero ayudar a dar otro giro de tuerca.

Quiero que pienses en positivo, que olvides las limitaciones mentales y dejes los pensamientos rumiativos (esos que se quedan como un "run run" y que duran horas y horas en tu mente).

Te presento a las distorsiones cognitivas.

Las distorsiones cognitivas son interpretaciones erróneas de la realidad que hace nuestra mente, pero que se convierten en realidades para nosotros. Si no las conoces y las detienes, pueden guiar tu vida por un camino no deseado.

Estas distorsiones las tenemos todos, en mayor o menor medida, y pueden hacer la vida más fácil, aunque en la mayoría de las veces la hacen más complicada y dolorosa.

Te invito hoy a combatir estas distorsiones. ¡Vamos!

"Nada es bueno o malo, sino que el pensamiento es lo que hace las cosas buenas o malas"
- William Shakespeare -

Reto del Día 3: Evita las generalizaciones

El pensamiento tiene un poder enorme y se puede usar tanto para hacernos sentir bien como para hacernos sentir mal. ¡Y somos nosotros quienes nos montamos nuestras películas!

Te voy a hablar de las generalizaciones. Las generalizaciones son una de las muchas distorsiones cognitivas. Las generalizaciones se basan en cosas que das por supuestas, en aspectos que no cuestionas porque "generalmente" son o se hacen de una manera determinada. Y tú las generalizas a todo lo demás, en el resto de las áreas de tu vida.

Por ejemplo:
"En esta casa las cosas siempre han sido así".
"Siempre haces el ridículo".

Sacadas de contexto tú también las ves irracionales, ¿a que sí? ¡Y sin embargo las decimos continuamente!

"Siempre llegas tarde", "Nunca haces nada a derechas", "Todo me sale mal", "Jamás llegaré a tener el coche de mis sueños"...

Quizá éstas últimas te hayan sonado más. Porque nos machacamos a nosotros mismos constantemente. Y esa frustración la pagamos también con las personas que tenemos más cerca, generalizando que son un desastre, que nunca ayudan en casa o que siempre hacen lo mismo.

Las generalizaciones son sesgos, interpretaciones erróneas de la realidad, y aunque no lo parezca, las palabras tienen un poder enorme sobre ti y sobre tus acciones.

¡Los pensamientos lo son todo! Vamos a formularlos bien.

Para ello, durante el día de hoy tendrás que estar atento a los **"SIEMPRE"** y a los **"NUNCA"** que te digas a ti mismo o digas hacia los demás (si te sientes valiente, también puedes estar atento a los que escuchas desde fuera).

La idea es, que cada vez que escuches una de estas generalizaciones, te preguntes:

¿Siempre siempre? ¿En serio?
.... o ...
¿Nunca nunca? ¿Jamás jamás?

En cuanto lo hagas verás que hay excepciones, que no es que "Siempre dejen las cosas por el suelo y seas tú quien las coloca", quizá ha habido más de una ocasión donde no ha sido así, pero tú has generalizado.

Quizá no es verdad que "Nunca me llevas a cenar fuera o a conocer a tus amigos", y si te paras a pensar muchas veces habrás tenido excepciones, pero tú no las has visto porque has generalizado.

¡Y generalizar te lleva al sufrimiento! Porque sólo ves esa parte de la realidad, esa que quieres para darte la razón y hacer sentir mal a la otra persona (y cuando te lo dices a ti mismo, te estás regañando mentalmente).

Vamos a quitarnos esos pesos y esas generalizaciones que no son verdad. ¡Siéntete libre de darle la vuelta a tus pensamientos y a tus palabras!

"Pensaba que nunca me ayudas a limpiar la casa, pero me he dado cuenta que no es verdad y que sí ha habido veces en las que habéis limpiado y dejado la casa como una patena".

¡Elige las mejores palabras que te hagan sentir bien a ti y a los que más quieres!

Recuerda

1. Cambia tu diálogo interno y tus palabras para evitar generalizar.

2. Permanece atento a tus "Siempre" y a tus "Nunca" y cuando aparezcan pregúntate → ¿Siempre siempre? ¿Nunca nunca?

3. Encuentra la excepción y elimina esas generalizaciones de tu vocabulario.

4. ¡Disfruta de tu día!

SIEMPRE... ⇆ ¿SIEMPRE SIEMPRE? ¿DE VERDAD?

NUNCA... ⇆ ¿NUNCA NUNCA? ¿EN SERIO?

Día 4: Tu mantra

¿Cómo te fue ayer con las generalizaciones?
¿Te diste cuenta de muchas?
¿Las cambiaste?

Recuerda que distorsiones cognitivas hay muchas, y todas deberíamos combatirlas, pero las generalizaciones son muy recurrentes y tóxicas.

¡Seguimos!

Esta vez me gustaría ayudarte a tener un recordatorio, un pequeño mantra personal para recordarte que disfrutes de la vida. Vamos a ello.

"Amarse a sí mismo es una aventura que dura toda la vida".
- Oscar Wilde -

Reto del Día 4: Crea tu Mantra

Continuamos dentro de los pensamientos limitantes y seguimos trabajándolos para eliminar toda la toxicidad que nos provocan.

Imagina que tuvieras al lado a una persona que todo el rato te está ninguneando, desprestigiando, regañando, diciendo "todo lo haces mal" o "no puedes hacerlo"... Si te quisieras un poco, sabrías que lo mejor es alejarte de esa persona, ¿verdad? Una persona que te dice todas esas cosas, no te debe querer mucho.

Pues no tienes que imaginar. ¡Esa persona eres tú mismo! El diálogo que mantienes contigo mismo muchas veces es así (el diálogo interno, que decíamos). Pero ¿cómo hacemos para cambiarlo?

Llevas ya 3 días atento/a a tus pensamientos y a tus palabras, ahora toca darte cuenta del tono con el que te hablas. ¿Te criticas? ¿Te regañas a ti mismo? ¿Te exiges más de la cuenta? ¿Ignoras tus logros y maximizas tus errores?

Para evitar tener esos sesgos y martirizarte mentalmente, tienes una tarea para hoy.

Yo lo llamo Mantra, que no es más que una frase positiva que te puedes decir a ti mismo para romper con ese diálogo machacón y negativo.

Para hacer tu mantra sigue estos pasos:

1.   Empieza por algo que sea verdad. Por ejemplo: "Yo soy Ana"
2.   Di dos habilidades o cualidades que tengas. Por ejemplo: "cariñosa y amable"
3.   Di algo de lo que te sientas capaz, que domines. Por ejemplo: "capaz de dominar mis emociones y conquistar mi vida"
4.   Termina con algo que quieras conseguir, algo que estés en camino de lograr. Por ejemplo: "y estoy dispuesta a combatir mis miedos para lograr mis sueños".

He puesto mi ejemplo, pero tú puedes ajustarlo como prefieras para crear tu propio mantra. El resultado sería algo así:

"Soy Ana, cariñosa y amable, capaz de dominar mis emociones y conquistar mi vida. Y estoy dispuesta a combatir mis miedos para lograr mis sueños".

Suena bien, ¿verdad? Bastante mejor que "tú no vales", "todo lo haces mal" o "estás gorda y fea".

Ahora que tienes tu mantra, te recomiendo que lo repitas durante el día de hoy al menos 30 veces. Encuentra cualquier momento para hacerlo: en el baño, cuando te mires al espejo, cuando salgas y entres a casa, pero sobre todo cuando detectes que te estás hablando de manera despectiva. ¡Ése es el momento perfecto para practicar nuestro mantra!

Recuerda

1. Haz tu Mantra (diséñalo a tu gusto).
2. Repítetelo a lo largo del día de hoy por lo menos 30 veces.
3. Si quieres, (en los días venideros), puedes repetirte tu mantra cada vez que veas que te estás hablando en un tono negativo.

DIÁLOGO RUMIATIVO Y LIMITANTE (CON POCO AMOR)
↯
TU MANTRA

Día 5: No te compares

Seguimos trabajando nuestros pensamientos limitantes, nuestras barreras mentales que nos impiden ser plenamente felices.

Y ahora toca el momento de las comparaciones. Porque, no sé qué nos pasa, pero no podemos evitar compararnos en todo: si gano más que mi compañero de trabajo, si soy más o menos alta, más o menos guapa, si mi coche es mejor que el de mi vecino...

¿Qué ganamos con esas comparaciones? Muy poco, más bien podemos ganar un enfado o energía negativa.

Las comparaciones nacen de la envidia, y la envidia no es saludable en este punto. Y, además, esa envidia la fundamentamos siempre en aquello que nos falta, no en lo que tenemos actualmente.

De esta manera, siempre que nos comparamos estamos en el lado perdedor, en el lado de la víctima. ¿Qué sensación nos deja eso? Tristeza, abatimiento, frustración, ira...

En definitiva, acabamos muy mal. **¿Y no estamos aquí para ser felices?**
Pues vamos a deshacernos de las comparaciones.

"Las comparaciones son odiosas"
- Refrán popular -

Reto del Día 5: No te compares con nadie

Tú mejor que nadie sabes con quién te comparas, o con quién te comparan las personas más cercanas a ti. Quizá tu madre siempre te comparaba con tu hermano o hermana, o tu jefe en el trabajo te compare con otras personas que estaban antes que tú y lo hacían mejor (o eso dice él).

Haz memoria y piensa las comparaciones que haces más frecuentemente y las que te imponen los demás. En cuanto las tengas, sigue estos pasos:

1. Detecta el tono con el que te han hecho o te hicieron el comentario
Muchas veces te echan en cara una comparación para simplemente hacer daño, no tiene ninguna razón de ser constructiva.

Por ejemplo: *"Vaya padre/madre/psicólogo/médico/ingeniero/abogado... estás hecho"* (se puede usar para cualquier profesión o rol). Muchas veces nos dicen esto como si tuviéramos todo el conocimiento del mundo y por tener una carrera tenemos la verdad absoluta. Entender que este "reproche" o contestación no te lo hacen de manera constructiva sino destructiva (nada bueno puede salir después de que te digan esto), te ayudará a ver la situación con perspectiva.

2. Expresa, de la manera más tranquila posible, que cada persona es única.

Así de sencillo, ni más ni menos, no hace falta que lo adornes más. Tú sabes que es verdad, el mundo sabe que es verdad. Si la otra persona no atiende a razones, es su problema. Defiende tu espacio, defiende tus derechos asertivos y sé fiel a ti mismo. Encontrarás una lista de tus derechos asertivos al final de este libro.

3. Analiza si emocionalmente te ha tocado ese comentario.

Lo más probable es que hayas sentido menosprecio, enfado, exasperación, … Todo son emociones relacionadas con la ira. Esto significa que te han sacado de tus casillas y han "entrado" en tu zona más íntima, han vulnerado tus límites. Estás aprendiendo cómo evitar situaciones de este estilo en el futuro. Si después de un tiempo sigues recordando lo sucedido, eso significa que te ha afectado más de la cuenta.

4. Si te sientes bajo de ánimos y crees que te ha podido afectar, repítete tu mantra.

Retomando el mantra que diseñaste ayer, repítelo hasta provocar una emoción de coherencia, de integridad. Pase lo que pase a tu alrededor, tú eres tú. ¡Y es fantástico ser único!

Recuerda

Las comparaciones son odiosas. Huye de ellas hoy y el resto de los días de tu vida.

Si alguien decide compararte con otra persona, o tú te comparas con otra persona, comunica desde el corazón que cada persona tiene su historia y su propia voz. ¡Y es perfecto que así sea! ¿Qué pasaría si en el mundo todas las mujeres fueran como Scarlett Johansson? ¿O todos los hombres como George Clooney? ¡Qué aburrido sería!

Pero, sobre todo, no te compares en algo con otra persona con la que estés en inferioridad en ese aspecto, porque quizá en todos los demás aspectos le ganes tú... ¡y con nota!

Día 6: Todo es terrible

¿Qué tal ayer? ¿Luchaste contra las comparaciones? Ayer te dije cómo empezar a cultivar una actitud que te servirá muchísimo. Sigue así.

Hoy seguimos hablando de pensamientos negativos, pensamientos limitantes y cómo nos afectan a nuestra vida. En este caso toca hablar de cómo nos montamos una paranoia en la cabeza y al final acabamos haciendo un castillo de un grano de arena.

"Mi aspecto es horrible y así jamás conseguiré una pareja", "Vaya desastre mi vida profesional, nunca encontraré mi trabajo perfecto", "Todo me sale mal, absolutamente todo", "¡Se me ha roto el móvil, qué catástrofe! ¿Y ahora qué voy a hacer para vivir?"

Como ves, todas estas frases son muy catastróficas (nunca mejor dicho), pero seguro que alguna vez en la vida las hemos pensado. Pues bien, te presento a la "terribilitis", como dice Rafael Santandreu en su libro *El Arte de no Amargarse la Vida (2018)*

La Terribilitis es pensar que todo es horrible y "tremendizar" algo que ha sucedido como si tu vida dependiera de ello.

"Oh dios mío, me he dormido y ahora mi jefe me va a despedir".

"He perdido el anillo de bodas, ¡ahora sí que mi marido se separa de mí!"
"Este atasco me va a hacer llegar tarde a mi cita y se va a ir... ¡y me quedaré soltero en esta vida para siempre!"

Como ves, algo pequeño (dormirte, perder un anillo o estar en mitad de un atasco) se convierte en algo terrible y catastrófico. ¡Casi como si te fuera a dar un ataque!

Ésa es la terribilitis, terribilizar una situación cuando realmente no hay tanto en juego. Es más, lo que nos pensamos que lo que realmente sucede al final. Vamos con la técnica que tendrás que llevar a cabo hoy.

> **"El miedo al peligro es diez mil veces más terrible que el propio peligro"**
> **- Daniel Defoe -**

Reto del Día 6: No caigas en la "terribilitis"

Darse cuenta de que estamos "terribilizando" muchas veces no es tan sencillo. Sin embargo, sí que podemos ver cuándo hay personas cercanas a nosotros que terribilizan. Podríamos servirnos de ellas mismas para que nos digan en qué situaciones nos comportamos con Terribilitis.

1. Escoge a 3 personas cercanas a ti y que te conozcan mucho.

2. Pregúntales si conocen algún aspecto de ti en el que te pongas a terribilizar (por ejemplo, cuando llamas a alguien y no te coge el teléfono - que te piensas que lo han raptado terroristas o algo peor -).

3. De las situaciones que te han dicho y que tú detectas que realmente actúas así, pregúntate: ¿qué es lo peor que puede pasar si eso ocurre? (en el caso de los terroristas, que llamen para pedir un rescate, por ejemplo).

4. Date cuenta de que tu terribilitis es un 1% de todas las demás posibilidades o explicaciones posibles. Argumenta por lo menos 5 alternativas a tu pensamiento terribilizador, que podrían ser igualmente realistas.

5. Convéncete de que "lo peor que podría pasar", incluso, tendría una solución (pagar el rescate). ¡Y sería el 1% de las posibilidades! No te centres en eso.

Recuerda

Preguntarles a personas cercanas a ti que te digan en qué situaciones terribilizas.

Combate tu terribilitis y piensa en las otras muchísimas posibilidades. Incluso te invito a pensar en cuánto porcentaje de esas catastróficas profecías realmente se han hecho realidad. Venga, dímelo.

Seguimos quitando lo superfluo, el sufrir por sufrir...

Día 7: Preocuparse no sirve de nada

Seguimos desintoxicando nuestros pensamientos, nuestros patrones mentales. La idea es quitarnos todo lo que sobra y que no nos hace ningún bien, pero es que además hay algunos pensamientos que son totalmente inservibles.

Hoy le toca el turno a la preocupación. Y pensarás *"la preocupación sí sirve, Ana, significa que me importan mucho las personas por las que me preocupo"*.

Bueno, es tu modo de pensar, pero hoy te quiero poner en otra perspectiva, ¿te vienes conmigo?

"Pasé más de la mitad de mi vida preocupándome por cosas que jamás iban a ocurrir"
- Winston Churchill -

Reto del Día 7: No te pre-ocupes, ocúpate

La preocupación significa, literalmente "pre" (antes de) "ocuparse" (tomar acción, hacer algo).

La preocupación tiene un origen muy claro: anteponernos a lo que pueda venir y prepararnos para tomar esa acción. Pero ¿qué pasa si lo único que produce la preocupación en nosotros es una parálisis?

Intenta recordar tus preocupaciones actuales o alguna preocupación muy grande que tuvieras en el pasado. ¿Cuántas de ellas, realmente, te han servido para estar preparado para tomar acción posterior?

Pongamos un ejemplo:
Tu pareja sale con el coche y tarda en volver. Le llamas y el teléfono sale apagado. Tendría que haber llegado hace por lo menos una hora... ¿Qué haces? Te preocupas. Pero realmente ¿en qué te ayuda esa preocupación?

Piénsalo. Tu pareja no va a llegar antes porque estés preocupado/a. Si al final aparece por la puerta, la preocupación no te ha servido para estar más preparado/a. Y si ha ocurrido realmente algo malo, tu preocupación tampoco te ha preparado para eso.

Entonces, ¿por qué nos preocupamos? Mi sugerencia es que tomes una perspectiva distinta. En vez de preocuparte, ocúpate.

Si te puedes ocupar de algo, si realmente puedes hacer algo para solucionar aquello que te preocupa, hazlo. Si no puedes hacer nada, si no te puedes ocupar, simplemente déjalo estar. Acepta que pase lo que pase tú no podías hacer nada.

"Pero Ana, eso es una locura, ¿cómo no me voy a preocupar?"

¡Pues preocúpate! Hazlo si quieres, pero piensa en el coste que estás pagando por preocuparte innecesariamente: tu nivel de cortisol aumenta (lo que hace que aumente la presión arterial), tu estrés aumenta, y sobre todo tu sufrimiento aumenta. ¿Crees de verdad que ese sufrimiento no es opcional?

El ejemplo que te he puesto quizá es muy radical, así que vayamos a un ejemplo más cotidiano.

Tu jefe te dice que tiene que hablar contigo mañana. Tú, te pones en el peor desenlace posible. Todo lo que queda de día, hasta mañana que hables con tu jefe, estarás con la ansiedad por las nubes, sufriendo y pensando lo peor (terribilizando). Al final tu jefe simplemente te quería pedir que le enseñaras la empresa a un nuevo empleado que llega desde el extranjero.

Dime, ¿de qué ha servido que te hayas preocupado todo el día? Has sufrido innecesariamente.

Mi invitación es a ocuparte en vez de pre-ocuparte. ¿Puedes hacer algo antes de que tu jefe hable contigo mañana? Realmente no. Entonces disfruta del día y ya mañana averiguarás qué te quería decir.

Pero al menos no has malgastado un día.

Ya te imagino: *"Pero Ana, preocuparse es que valoras la situación y te pones en lo peor"* ¿Y por qué no te pones en lo mejor?

Te recomiendo que, a partir de hoy, si algo te preocupa, pregúntate: ¿qué puedo hacer para remediarlo? Si no puedes hacer nada (si no te puedes "ocupar"), déjalo estar.

Recuerda

Preocuparte sólo sirve para generarte ansiedad, estrés y sufrimiento innecesarios. ¿Realmente puedes hacer algo? Pues ocúpate. Y si no puedes hacer nada, simplemente acepta la situación y deja que pase lo que tenga que pasar.

PRE-OCUPARSE

↯

OCUPARSE Y ACTUAR

¿Qué te parece este cambio de pensamiento? Quizá te parece una completa locura o quizá lo ves sensato, pero sobre todo quiero que pienses que todo es por tu propio bienestar emocional.

SEGUNDA PARTE: Emociones enquistadas y desadaptativas

"Si no está en tus manos cambiar una situación que te produce dolor, siempre podrás escoger la actitud con la que afrontes ese sufrimiento".

- Viktor Frankl -

Día 8: El rencor es veneno

Iniciamos un nuevo bloque dentro de este Detox Emocional. Dejamos atrás los pensamientos limitantes y entramos en las emociones enquistadas, tóxicas o poco útiles.

Yo soy una fiel defensora de todas las emociones, pero hay algunas que las hemos tergiversado tanto que ya han perdido su utilidad. Seguir alimentándolas es perder el tiempo y perder felicidad.

Durante los siguientes 7 días trabajaremos algunas de las emociones que se pueden enquistar en nosotros y provocarnos sufrimiento. Empezaremos hablando del rencor, ese sentimiento rancio de resentimiento hacia otras personas que sólo te hace daño a ti.

¡Vamos a eliminarlo de nuestra vida para siempre!

"El resentimiento es como tomar veneno y esperar que el otro muera".
- Anónimo -

Reto del Día 8: Deja el rencor a un lado y perdona

Seguro que sabes lo que es sentir rencor hacia alguna persona (puede ser un amigo o amiga que te traicionó). O quizá, y esto sí que lo tendrás más fresco, sientas rencor hacia ti mismo/a por algo que hiciste en el pasado y de lo que te arrepientes profundamente.

Es posible que incluso ese rencor se torne en odio y asco.

Y ahora te pregunto: ¿a quién crees que hace daño tu rencor? La cita que he puesto justo arriba es cierta. Sentir rencor hacia alguien es como tomar veneno y esperar a que sea la otra persona la que se muera, porque el rencor es exactamente eso: un veneno que te corroe por dentro.

Vamos a combatirlo a partir de ahora, porque no queremos llenarnos de veneno. Queremos tener salud y estar felices, no llenos de resentimientos.

Sigue estos pasos.

1. Haz memoria y piensa en la persona que más odies, en tu archienemigo (si no tuvieras, piensa en alguien que te hizo una faena y aún no se te ha olvidado). Ahora quiero que pongas el foco en el rencor que le profesas.

¿Lo tienes ya?

2. Ahora dime, ese rencor, ¿a quién mantiene despierto por las noches: a tu enemigo o a ti? ¿Realmente crees que él o ella recuerda aquello y que su vida gira en torno a ti? No, no somos tan importantes.

El rencor sólo está para hacernos más daño, para mantener esa herida abierta y supurando... pero no ayuda a que ese problema se solucione.

3. Para deshacerte del rencor, es necesario perdonar. Si ahora mismo te pidiera que perdonaras a tu mayor enemigo, ¿lo harías? ¿Te sale desde dentro perdonarlo? Es posible que no, pero en cuanto recuerdes que quien está enfermando por tener el veneno dentro eres tú y no él, quizá cambies tu perspectiva.

Libérate del rencor que sientes hacia otras personas, es la única manera de vivir plenamente y sin sufrimiento innecesario.

¡Recuerda! Perdonar no es conformarse, no es resignarse y poner la otra mejilla. Tú ya sabes lo que esa persona te hizo y tu confianza la ha perdido. Eso está claro. Otra cosa es recordar día tras día lo que hizo y martirizarte por ello. Es como si un día tu compañero de trabajo se topa contigo y os caéis al suelo y tú recordases todos los días ese incidente. ¿Crees que así se puede vivir? Pues es lo que estás haciendo sintiendo rencor.

4. Cuando estés listo para perdonar, haz esto:

Localiza todo tu rencor (si está escondido por tu cuerpo o por tu mente) y sácalo fuera de ti (imagina que tuvieras una aspiradora que te drenara el rencor de tu cuerpo y lo pusiera sobre la mesa). Ahora que tienes a tu rencor delante de ti, dile que ya no es necesario que esté ahí, que has comprendido que esa persona te hizo daño en el pasado y ya has aprendido de ello. Que no es necesario mantener abierta la herida. Perdona a la persona que te hirió, perdónala de corazón, porque fueron las circunstancias (la época o la juventud), que incluso tú podrías haberte equivocado y necesitar que te perdonen.

Siente cómo nace el perdón dentro de ti. La única manera de "matar" a tu rencor es con bondad y cariño. El perdón es como un bálsamo que cerrará tu herida, pero mantendrá la cicatriz. Ya dejará de sangrar, aunque estará ahí para recordarte lo que una vez pasó.

Tú has aprendido de lo vivido, ese suceso te ha hecho ser quién eres hoy. Acéptalo y sigue adelante. No necesitas que el rencor esté todos los días ahí para recordarte lo que ya viviste. Déjalo ir.

5. Acepta tu nueva realidad. Eres quién eres por todo lo que has vivido en tu pasado. Deja de martirizarte por lo que ocurrió, no sientas rencor hacia ti ni hacia nadie. Aprende y vive tu vida lo mejor posible sabiendo lo que sabes hoy.

Recuerda

El rencor sólo es un veneno que campa a sus anchas por tu cuerpo, no por el cuerpo de la persona por la que sientes resentimiento. Seguir sintiendo rencor es matarte lentamente.

Perdonar es el antídoto perfecto al rencor. **Perdonar no es resignarse**, perdonar es ser consciente de tu capacidad de amar y de ver la situación desde arriba. Tener la capacidad de perdonar es subir de nivel, es saber que las circunstancias no te vencerán, tú puedes elegir qué hacer en cada momento.

Y, sobre todo, no sientas rencor hacia ti mismo. No hay nada peor que vivir con el enemigo en la casa (y no hay nada peor que cerrar los ojos y saber que eres tu peor enemigo). Quiérete, siempre.

RENCOR Y RESENTIMIENTO
⚡
PERDÓN Y AMOR

Día 9: Los ataques de ira no te ayudan

Seguimos trabajando las emociones enquistadas y tóxicas que nos hacen daño. Hoy en concreto vamos a aniquilar los ataques de ira.

Antes de nada, me gustaría decirte que el enfado no es malo, es una emoción básica. Manifestamos enfado cuando necesitamos defender nuestro territorio, cuando necesitamos marcar nuestros límites frente a una amenaza.

El problema está cuando esa necesidad de defender lo nuestro sale demasiado a menudo. Cuando tenemos un umbral muy bajo para nuestro enfado. En ese momento el enfado se torna más agresivo y se transforma en ira.

La ira es un estado más intenso del enfado. Cuando sentimos ira perdemos totalmente la razón y, literalmente, salen sapos por nuestra boca.

La ira es la que provoca mayores enfados y destrozos después. Solemos arrepentirnos muchísimo cuando hemos caído en un ataque de ira y hemos perdido los papeles. Para prevenir estos ataques de ira, sigue leyendo lo que hoy vengo a contarte.

"El que domina su cólera domina a su peor enemigo"
- Confucio -

Reto del Día 9: Los ataques de ira se pueden prevenir

Los ataques de ira se originan por una diferencia entre lo que recibimos del exterior (una frase, una imagen, unas palabras, un tono de voz elevado...) y la evaluación que hacemos sobre ese estímulo externo. Si yo escucho a mi pareja decir *"Tú bien lo sabes"* e interpreto que además lo ha dicho con intención de sacarme de mis casillas, me alteraré y estaré mucho más predispuesta a saltar por cualquier motivo.

Por ejemplo, si tu pareja te dice *"Eres igual que tu madre / Eres igual que tu padre"*, podrías tomártelo como un piropo o como un insulto. Si te lo tomas como un insulto, saldrá tu faceta más agresiva y entrarás en una dinámica de reproches que terminará en una acalorada discusión.

Para evitar los ataques de ira, lo primero que tienes que hacer es detectar cuáles son tus disparadores. Vamos a trabajarlo.

1. Recuerda algún ataque de ira que tuvieras, si es reciente mejor (que lo recuerdes bien).

2. En cuanto lo tengas, escribe en un folio:
   - Qué estaba ocurriendo justo antes de que se diera el ataque de ira,
   - Qué personas estaban implicadas,

- Qué elementos externos había que intervinieron en cómo se sucedieron las cosas (el ambiente, el ruido, más personas...).

- Qué elementos traías contigo que predisponen al ataque de ira (ese día todo te salía mal, estabas estresado por algo del trabajo, te habían rayado el coche...)

3. ¿Cuál fue el disparador o el detonante? Estaban los ingredientes puestos, pero ¿qué fue lo que encendió la mecha? (una palabra, un gesto, una llamada...)

4. Ahora, con la situación ya fría... ¿qué elemento crees que fue el más importante en tu reacción de ira? Para responder, empieza a quitar elementos uno a uno y comprueba, imaginariamente, si crees que habrías respondido de la misma manera (con el ataque de ira) o no habrías saltado. Ve probando a quitar los ingredientes que estaban presentes, uno a uno, hasta que des con la clave. Por ejemplo: "creo que, si hubiera estado en un sitio público en vez de en casa, no habría reaccionado con ira".
5. Ahora que sabes qué origina tu ira, ¿qué puedes hacer para evitarla en un futuro?

Me gustaría darte una técnica que te puede servir para prevenir los ataques de ira. Se llama la **Técnica del Pastel.**

Esta técnica consiste en recordar, como si fuera un pastel irresistiblemente bueno, algo maravilloso que hayas vivido con la persona con la que normalmente discutes. Si por ejemplo tu hermano te saca de quicio cada vez que hablas con él, en vez de estar pensando todo el rato que vas a discutir en cualquier momento, piensa en algún momento espléndido que vivierais juntos: aquella vez que de pequeño te defendió en una pelea, cuando te apoyó económicamente en un proyecto o cualquier otro gesto lleno de amor.

Al sentir amor, cariño y un afecto enorme, contrastará con el enfado y no dejarás espacio para que la ira acampe a sus anchas por tu cuerpo.

¡Tachán! Problema resuelto.

Recuerda

La ira es una respuesta exagerada a una diferencia entre lo que ocurre externamente y lo que pienso yo que está ocurriendo.

Para evitar los ataques de ira, conoce tus disparadores y elimínalos (o tenlos controlados).

Y recuerda usar la técnica del pastel cuando creas que vas a saltar con ira, o incluso puedes usarla durante la próxima discusión.

Día 10: La envidia y sus enseñanzas

Como ves, en este Detox Emocional estamos trabajando a un nivel emocional distinto. No queremos simplemente deshacernos de las emociones enquistadas que nos provocan sufrimiento, quiero que cambies tu punto de vista y seas más feliz... ¡desde ya!

Otra emoción muy tóxica y que no nos ayuda mucho a nivel personal y a nivel social es la envidia.

La envidia es realmente un sentimiento, deriva de la emoción básica del enfado y se compone de pensamientos posesivos. La raíz de la envidia nace en que tú consideras que te pertenece algo que no es tuyo. Siempre envidiamos todo lo que no tenemos y, muchas veces, también a personas que han tenido el éxito o la vida que nosotros no hemos podido tener.

La envidia nos coloca en un estado de insatisfacción que sólo nos provoca sufrimiento. Queremos vivir una vida que no es la nuestra, queremos tener algo que no tenemos... ¡Estamos poniendo nuestro foco en el "NO"! Vamos a ver cómo dejar de alimentar la envidia y cómo actuar a partir de ahora.

"Quien mira demasiado las cosas ajenas, no disfruta las propias."
- Ralph W. Emerson -

Reto del Día 10: Aprende mucho sobre la envidia

La envidia no es saludable de ninguna manera. Dime, cuando has sentido envidia ¿qué había de positivo ahí? Y sin embargo la sentimos muy a menudo.

Quiero que para combatir la envidia pienses en la persona a la que más envidia tienes ahora mismo. Permítete unos minutos para localizarla. En cuanto la tengas en la mente, sigue con estos pasos.

1. En concreto, ¿de qué tienes envidia? Ahí puedes empezar a darte cuenta de que envidias lo que no tienes (y esa persona sí tiene) o lo que no eres (y esa persona sí es). Haz una lista de todo lo que envidias.

2. Ahora piensa qué ha tenido que hacer esa persona para tener la vida que tiene ahora mismo. Por ejemplo, si tiene un trabajo que envidias, ¿qué ha tenido que hacer para llegar allí?; si envidias su modo de vida, ¿qué experiencias ha tenido que vivir para ser como es?, etc.

3. Evalúa también qué facetas no envidias de esa persona. Quizá sea su vida amorosa, su faceta económica, su personalidad, las enfermedades que ha vivido... ¡Ya que nos ponemos a envidiar a alguien, que tengamos un buen mapa de quién es realmente esa persona!

4. Pregúntate: ¿tú harías lo que ha hecho esa persona para estar dónde está? ¿Sacrificarías lo que ha tenido que sacrificar esa persona para estar donde está y ser como es? Muchas veces envidiamos un aspecto de alguien, pero todos tenemos nuestras sombras.

5. Cambia tu envidia por admiración. La admiración te motiva a ser mejor, a crecer, a mejorar como persona y como profesional. ¿Crees que podrás inspirarte en esa persona en vez de envidiarla?

Recuerda

La envidia nos deja en un estado de insatisfacción, de impotencia. Directamente nos pone en un estado de víctima "¿Por qué yo?"

La admiración te lleva a la inspiración a conseguir los objetivos que ya ha logrado otra persona, siendo consciente del esfuerzo que conlleva y los sacrificios que hay que hacer por el camino.

ENVIDIA

↯

ADMIRACIÓN

Día 11: Tu ansiedad por controlar

Seguimos con las emociones desadaptativas, esas que pierden su utilidad y nos limitan o bien nos generan más sufrimiento que beneficio.

Hoy quiero hablarte de la ansiedad. La ansiedad es una emoción compuesta creada a partir de la emoción básica del miedo. La ansiedad es muy similar a tener expectación, a sentirte expectante por algo que pueda ocurrir (por ejemplo, cuando vas a abrir un regalo). El problema viene cuando esa expectación se alarga más de la cuenta y, sobre todo, cuando esa expectación es imaginaria.

La ansiedad se genera por el miedo y la tensión a algo futuro, que no sabemos bien si llegará o no. ¡Pero nos mantiene paralizados y temerosos!

¿Te acuerdas cuando te hablé de las preocupaciones, cuando te dije que si no podías "ocuparte" de nada servía "pre-ocuparte"? Pues con la ansiedad es algo parecido. La ansiedad suele aparecer por una incesante necesidad de control sobre lo que nos rodea. Cuando no podemos controlar lo que nos va a venir (porque no depende de nosotros), manifestamos ansiedad.

Por lo tanto, para evitar esa ansiedad necesitaríamos tratar la necesidad de control sobre nuestro entorno. ¡Vamos a ello!

"El peso de la ansiedad es mayor que el del mal que la provoca."
- Daniel Defoe -

Reto del Día 11: El miedo a la incertidumbre es lo que hay detrás de tu ansiedad

Tanto si tienes normalmente ansiedad, como si sólo la experimentas en momentos puntuales, te servirá lo que tengo que contarte hoy. Te invito a que escojas una situación, evento o experiencia que normalmente te genere ansiedad. En cuanto la tengas localizada, sigue estos pasos:

1. En esa situación, ¿hay algo que dependa de ti? Esto es fundamental para darte cuenta de que, en la mayor parte de las veces que sentimos ansiedad, no podemos controlar lo que ocurre.

2. ¿Qué estás haciendo o vas a hacer con lo que SÍ depende de ti? Muchas veces nos ponemos ansiosos cuando sí podemos hacer cosas para cambiar la situación. Simplemente, nos dejamos atenazar por el miedo y por las sensaciones de la ansiedad, pero es posible que sí podamos actuar.

3. ¿Qué podría ocurrir? Puestos a generar ansiedad pensando en lo peor que podría pasar, vamos a pensar en todas las alternativas posibles, no solo en las negativas.

4. Acepta el estado en el que estás, el estado de incertidumbre, de no saber lo que va a ocurrir. ¡Y es un estado bueno! Te ayudará a ser más fuerte y a permanecer firme aun cuando no controles lo que pueda ocurrir. Simplemente, como te decía con la preocupación, acepta lo que venga y ya está.

Recuerda

La ansiedad no es más que intentar controlar lo que no se puede controlar. Si estás teniendo ansiedad por intentar prever lo que va a ocurrir, simplemente déjate llevar y acepta ese estado de incertidumbre.

Si practicas el estar en la incertidumbre, te harás más fuerte y proactivo.

Estás desarrollando habilidades emocionales muy necesarias para el crecimiento personal y profesional, aunque no lo creas.

ANSIEDAD POR NECESIDAD DE CONTROL
↯
ACEPTAR LA INCERTIDUMBRE

Día 12: El sufrimiento innecesario

Sobrepasamos el ecuador de este detox hablando de lo que más nos preocupa: el sufrimiento.

Yo creo que no estamos en esta vida para sufrir. Al contrario, estamos en esta vida para aprender, crecer y dejar el mundo mejor que como nos lo encontramos. ¿Para qué nos sirve el sufrimiento en este viaje?

Por eso quiero dedicarle un día entero a hablar del sufrimiento y de cómo nos afecta diariamente. aunque también quiero que veas la importancia que le hemos dado, como si fuera obligatorio sufrir para vivir.

AVISO: Lo siento, pero si eres creyente voy a poner en tela de juicio una parte de la doctrina cristiana. Me encantará debatir contigo si quieres contarme lo que piensas al respecto. Empecemos.

"El dolor es inevitable pero el sufrimiento es opcional".
- Buda –

Reto del Día 12: El sufrimiento es inútil

Mi invitación hoy quiero que la tomes como un cambio de perspectiva. Deja que te cuente cómo puedes ver a partir de ahora al sufrimiento y después puedes tomar la decisión que consideres adecuada para ti.

El dolor es una sensación psicológica producida a partir de una sensación somática (del cuerpo). Por ejemplo, cuando te pinchas en un dedo, los nervios de tus huellas dactilares transmiten información a través de tu sistema nervioso hasta la zona del cerebro donde se procesa la información sensorial y se dictamina que esa sensación ha sobrepasado el umbral del dolor → resultado → experimentas un dolor (punzante, localizado, rápido, etc....).

Si no sintiéramos dolor, iríamos quemándonos y abrasándonos la piel, pisando clavos que nos podrían hacer contraer enfermedades, etc. El dolor físico es necesario para sobrevivir y para mantenernos vivos.

Otra cosa es el dolor emocional, por ejemplo, el dolor producido por una ruptura. Que nos duela que la relación se haya roto es para ayudarnos a tomar conciencia de la importancia del amor y la fragilidad del amor. Ese dolor nos enseña a tener más cuidado, a no confiar ciegamente, a seguir las señales, etc.

Ahora bien, si ese dolor inicial de la ruptura lo alargamos en el tiempo, ese dolor se convierte en sufrimiento. El sufrimiento tiene un componente psicológico enorme y está muy relacionado con lo que nos decimos a nosotros mismos. ¿Te acuerdas del diálogo interno que hablábamos hace unos días? El sufrimiento se mantiene vivo porque tu mente parlotea todo el rato y lo alimenta.

Por tanto, ¿para qué sirve el sufrimiento? Para recordarte todos los días que hiciste algo mal o que algo te hizo daño. Pero créeme, no necesitas estar recordándolo continuamente para saberlo. ¿Recuerdas el perdón y el rencor? Es muy parecido.

Así que tenemos por un lado el dolor y por otro lado el sufrimiento. El dolor lo necesitamos para sobrevivir. El sufrimiento no.

Y aquí entran las creencias limitantes, los patrones mentales, las distorsiones cognitivas que veíamos al principio del Detox. ¿Qué está haciendo que siga sufriendo? Un patrón de conducta o una serie de creencias aprendidas. Por ejemplo: el concepto de mártir.

Un mártir es una persona que fallece defendiendo sus creencias y su ideología. En la religión cristiana, se dice que los mártires serán los primeros en el reino de los cielos. En palabras claras: sufre en esta vida que en el cielo todo será color de rosa.

Pues siento decirlo, pero si sufres en esta vida, tu vida ya será un infierno. ¿No sería mejor dejar de sufrir y que luego venga lo que tenga que venir en la otra vida?

Deshazte del sufrimiento, sólo te hará sentirte mal aquí, hoy y ahora.

A partir de ahora, cada vez que estés sufriendo por cualquier cosa, pregúntate.

1. ¿Qué ha originado este sufrimiento?

2. ¿Soluciona algo que yo siga sufriendo?

3. ¿Qué podría hacer (que dependa de mí) para aliviar este sufrimiento y ponerle fin?

4. Hazlo. Actúa. Y si no puedes, simplemente aprende de la situación y sigue hacia delante. Sufrir tampoco te va a dar el poder de cambiar las cosas.

Simplemente quiero que te quede claro que si sufres es porque quieres.

Déjame que te cuente una historia...

¿Cuánto pesa un vaso vacío?

No, no quiero que vayas a por una báscula a pesarlo. La respuesta a la pregunta es "depende". Depende del tiempo que lo sujetes. Si lo levantas y lo vuelves a dejar sobre la mesa, el vaso pesaba poco. Ahora, si sujetas el vaso durante media hora.... entonces sí que te va a pesar.

¿Consejo? ¡Suelta el vaso! Cuanto más lo sujetes (cuanto más te apegues a ese sufrimiento) más fuerte se hará la dependencia entre vosotros. Déjalo ir.

No le debes nada a nadie. Sufrir no te hará mejor persona ni hará sentirse mejor a los demás.

No seas un mártir. Si eres cristiano, quédate con otras enseñanzas, pero no quieras ser un mártir. Sufrir no te hará ir al cielo, sufrir sólo te hará pasarlo mal aquí en la Tierra.

Recuerda

El dolor es necesario, el sufrimiento es opcional.

No te conviertas en un mártir, no te quedes con esa idea. Vive feliz aquí y ahora. Si estás sufriendo, pregúntate qué haría desaparecer ese sufrimiento Y HAZLO.

Día 13: Los Miedos

Les toca el turno a los miedos, esos miedos que nos limitan y frenan nuestro éxito personal y profesional. Y muchas veces esos miedos son la diferencia entre vivir una vida plena o vivir a medias.

¿A qué miedos me refiero?
- Miedo al fracaso
- Miedo al rechazo
- Miedo a lo desconocido

Déjame decirte algo: todos tenemos esos miedos, sólo nos diferenciamos en cómo dejamos que nos afecten.

¿Quieres tener una vida plena, quieres vivir cada día intensamente? Pues deberás enfrentarte a tus miedos y no dejarte atenazar por ellos. Vamos a ver cómo.

"Para quien tiene miedo, todo son ruidos"
- Sófocles -

Reto del Día 13: Vence tus miedos

Una cosa son los miedos que manifestamos en situaciones de miedo real. Sentimos temor por nuestra vida, por ejemplo: en un terremoto, si escuchamos ruidos de disparos, si estamos rodeados de fuego, etc. Si no tuviéramos miedo en esas situaciones, no habríamos sobrevivido. El miedo es el mecanismo que nos mantiene alerta y alejados del peligro. Es como nuestra brújula de seguridad.

Pero otra cosa muy distinta son los miedos imaginarios, los miedos que no tienen una causa física (el miedo a ser rechazado, el miedo a quedarme solo, el miedo a la incertidumbre y a lo que no controlo...). Aquí el miedo se acerca a la ansiedad (que ya vimos anteriormente).

Si dejamos que esos miedos imaginarios, esos miedos irracionales nos gobiernen, estaremos dándonos por vencidos. Nuestros pensamientos negativos habrán producido un miedo que no podremos superar.

¿Realmente quieres vivir así? Para vencer tus miedos tienes que enfrentarlos.

1. Elige un miedo: tu miedo al qué dirán, miedo a quedarte solo si cortas esa relación que te hace daño, miedo a la incertidumbre si abandonas el trabajo...

2. Pregúntate: ¿qué tendría que hacer para que ese miedo desapareciera? Muchas veces, la respuesta es "no hacer nada, simplemente quedarme quieto". Piensa en qué acciones harían que el miedo no apareciera y evalúa qué estás perdiendo en ese caso. Por ejemplo, si no terminas esa relación que te está asfixiando por miedo a la soledad, estarás viviendo infeliz toda tu vida.

3. Pregúntate: ¿de qué me intenta proteger este miedo? Fíjate en la clave "intentar", porque muchas veces ese miedo no nos protege realmente, simplemente nos mantiene presos. Es como esconderse en el sótano para evitar que me ocurra un accidente cuando salga a la calle. El miedo me está protegiendo porque realmente no estoy saliendo a la calle (que es donde está el peligro) pero tampoco me permite vivir (estoy encerrada en el sótano). Así que pregúntate de qué te intenta proteger ese miedo, aunque no lo consiga.

4. Busca la manera de encontrar esa "protección" que intenta darte tu miedo sin que sea el miedo el qué mande. Por ejemplo, si lo que mi miedo pretende es protegerme de que me hagan un daño emocional (una ruptura), buscaré la manera de protegerme del daño emocional que supondría cortar con una relación, pero sin olvidar que quiero terminar con esa pareja tóxica que está haciendo de mi vida un infierno.

5. Encuentra el término medio: enfrenta a tu miedo, pero llevando tu salvavidas (aquello de lo que tu miedo intentaba protegerte). Toma la decisión de ir más allá (superando ese miedo) pero asegurándote tu seguridad. Por ejemplo, ármate de valor y elabora un guion de tu discurso cuando vayas a cortar con tu pareja definitivamente.

6. Cuando vencemos nuestros miedos, el mundo se expande. Vemos más de lo que antes veíamos, es como si nos tapara un muro de hormigón y, al vencer nuestros miedos, lo derribáramos. Ahora podemos ver lo que había detrás de ese muro. Date tu tiempo para asimilar tu nueva realidad. ¡Enhorabuena por vencer tu miedo!

Vence un miedo hoy, el que sea, el que más te esté frenando o alguno que llevas tiempo teniendo delante de ti. Muévete y comienza a mover tu mundo también.

Recuerda

Los miedos se vencen pasito a paso. Sigue este guion de superación de miedos y avanza día a día hacia ese futuro sin miedos imaginarios. Sólo están en tu mente, la vida es mucho más sencilla de lo que nos imaginamos. ¡No existen más miedos que los que nosotros mismos nos imponemos!

Día 14: La apatía

Hoy te quiero hablar de algo que, aunque podría parecer normal e incluso saludable en pequeñas dosis, podría convertirse en una amenaza a nuestro bienestar. Estoy hablando de la pereza, de la apatía, del estancamiento, quedarte días sin hacer nada y que eso se convierta en tu realidad.

Hay que distinguir la tranquilidad de la apatía. La tranquilidad es un estado de calma en el que somos conscientes y disfrutamos. Cuando sentimos apatía no nos damos cuenta de que estamos en ese estado de letargo, de pereza sostenida. En la apatía simplemente pasan las horas, los días y no valoramos nada ni nos dan ganas de hacer nada.

La apatía es muy muy peligrosa puesto que puede derivar en una depresión o en un abandono de nuestro propio ser (a nivel físico, mental y espiritual). Y hoy vamos a combatirla.

"Dejarse llevar pasivamente es impensable"
- Virginia Woolf –

Reto del Día 14: Vence la apatía

Para parar la apatía, ese periodo de estancamiento en el que se te quitan las ganas de hacer nada, necesitas valorar ciertos aspectos. Al tomar conciencia de ellos, te darás cuenta de lo nociva que es y con la técnica que te ofrezco a continuación dejarás de alimentar ese círculo vicioso.

1. Date cuenta (puedes hacer un chequeo semanal si así lo prefieres) de la etapa en la que estás viviendo, si estás experimentando letargo y apatía. Los síntomas pueden ser:

- Físicos: llevar varios días sin ducharte (y no tener ganas de hacerlo), o sin arreglarte (cuando normalmente sí lo hacías).

- Mentales: cada vez quieres hacer menos cosas y te agotas mentalmente con menos estímulos. Simplemente quieres quedarte quieto y no hacer nada.

- Emocionales: ya no vives emociones plenas (gozo, satisfacción, entusiasmo...) sino que vives en una gama de emociones grises como la anhedonia (no sentir placer) y el aburrimiento.

- Sociales: no quieres ver a nadie, no te apetece salir ni relacionarte con tus amigos o familiares.

- Personales/Espirituales: no estás creciendo en ningún aspecto de tu desarrollo (no lees, no aprendes cosas nuevas, no viajas, no tienes objetivos ni metas...).
Date cuenta de la vida que estás perdiendo y lo que estás pagando (económicamente, a nivel de salud, a nivel

social...) por estar en este estado de estancamiento y apatía. ¡Tú puedes cambiarlo!

2. En cuanto hayas detectado tus potenciales apatías, busca tu referencia. Tu referencia es aquella temporada o aquel tiempo de tu vida en el que tú vivías de una manera totalmente distinta (sin apatía). Busca bien, seguro que has vivido una época llena de esplendor y alegría. Si no la encuentras, fíjate en alguien que sí esté viviendo de la manera que tú quieras.

3. ¿Qué estabas haciendo en esa época? ¿Cómo era tu día a día? ¿Cuáles eran tus hábitos? Haz una lista de al menos 5 cosas que son distintas y especifícalas al máximo. Por ejemplo: antes quedaba con mis amigos dos veces por semana, o antes viajaba por lo menos una vez al mes, etc.

4. Propón uno sólo de esos hábitos que eran distintos y que ahora no experimentas, y usa un disparador para llevarlo a cabo. Un disparador puede ser cuando suene el timbre de tu casa, justo antes de desayunar, ponerte una alarma aleatoria en el móvil, cuando saques a pasear al perro... Usa cualquier indicador que esté ahora mismo en tu rutina (sí, en tu rutina sedentaria y estancada) y haz justo ese hábito que te haría cambiar.

5. No te fustigues si fallas en algún momento, lo importante es salir poco a poco de esa zona de confort (excesivo confort apático) en la que te has metido. ¡Y poco a poco verás los cambios!

Recuerda

Puedes elegir siempre tus emociones, tú eres quien las genera. Si ves que estás en un periodo de estancamiento (varios días con apatía y pocas ganas de hacer nada) usa cualquier señal aleatoria para levantarte y mover tu cuerpo: el timbre de tu teléfono, una alarma que tú configures, etc.

APATÍA

⚡

MOVIMIENTO

TERCERA PARTE:
Entornos y personas tóxicas

"Quería cambiar el mundo. Pero he descubierto que lo único que uno puede estar seguro de cambiar es a uno mismo".

- Aldous Huxley -

Día 15: Vigila tu entorno

¡Empezamos el bloque del entorno! Y es que no hay que olvidar que somos seres sociales y nuestras relaciones nos afectan (igual que nosotros afectamos a los que tenemos alrededor).

En este primer día de este bloque me gustaría hablarte de la importancia de rodearte de personas positivas y con una mentalidad que te ayude a crecer y mejorar como persona y como profesional.

Porque, ¿con quién quisieras irte a una isla desierta: con una persona que critica y maldice todo el rato o con una persona positiva que empodera y motiva? Supongo que con la segunda- Y no te culpo, ¡yo haría lo mismo!

No queremos cerca de nosotros personas que nos chupen la energía vital, personas negativas que nos arrastren a su mundo gris... Queremos personas que nos apoyen con nuestros sueños, que nos hagan reír y con la que aprendamos todos los días.

Vamos a ver cómo podemos hacer para crear un entorno positivo para nosotros que nos ayude a vivir más plenamente.

"Dime con quién andas y te diré quién eres"
- Proverbio -

Reto del Día 15: Cuida tu entorno

Para elaborar un entorno saludable, necesitamos saber cuál es nuestro entorno actual. Si queremos tener un entorno más positivo, deberemos tener una imagen de lo que tenemos ahora. Para eso, sigue estos pasos:

1. Haz una lista de las 5 personas con las que más tiempo pasas. Puede ser tu pareja, tu mejor amigo o amiga, tus compañeros de piso, tus hijos, tus hermanos, padres, etc. Si piensas que no puedes elegir sólo 5 y que necesitas por lo menos 7 personas, haz la lista con 7, pero no con más.

2. Al lado del nombre de cada una de las personas de la lista, pon qué "cosas buenas" aprendes de esa persona, qué te enseña, qué respiras cuando estás a su lado. Puede ser sentirte más seguro/a, tener más confianza, poder contar tus secretos, etc.

3. Cuando hayas terminado con la lista de "cosas buenas" haz otra columna al lado poniendo las "cosas malas" que se te pegan cuando estás con ellas. Puede ser: decir palabras mal sonantes, criticar a terceras personas, ser demasiado competitivo... No temas, nadie verá esta lista y es obligatorio que pongas al menos una cosa mala de cada persona. Estrújate el cerebro.

4. Ahora que sabes cómo te afectan las personas que tienes a tu alrededor, quiero que seas sincero contigo mismo. Pregúntate: ¿qué habilidades o conductas me gustaría tener y no tengo? Puede ser: ser más paciente, organizarme mejor, hacer más deporte... Con que hagas una lista de 5 es suficiente.

5. ¿Cómo podrías servirte de tu entorno para empezar a practicar esas nuevas habilidades y conductas? Seguro que hay cerca de ti una persona que encaja perfectamente en aprender a ser más paciente, otra que encaja genial y que te ayudaría a organizarte mejor (porque se te pegaría), etc.

La idea es ser consciente de qué personas tenemos a nuestro alrededor y saber que somos como somos también debido a las personas cercanas a nosotros. Y todo lo podemos cambiar si queremos.

Recuerda

Tu entorno te puede servir de lugar de aprendizaje, de crecimiento. Las personas que tenemos a nuestro alrededor nos hacen ser mejores y nosotros somos mejores gracias a ellas. ¿Qué tal si somos conscientes de ello y lo usamos a nuestro favor?

PERSONAS CERCANAS ➡ OPORTUNIDADES DE APRENDIZAJE Y CRECIMIENTO

Día 16: Aléjate de los tóxicos

Espero que el análisis de tu entorno ayer te diera más alegrías que tristezas, y que estés poniéndote manos a la obra para mejorar tu entorno.

Hoy les toca a esas personas que nos arrastran a su negatividad, a su modo limitado de ver la vida y a un sufrimiento continuado. Estoy hablando de las personas tóxicas.

Puede ser un jefe, un compañero de trabajo, un amigo, un vecino, e incluso un miembro de tu familia. Lo que tienen en común es que tienen un punto de vista muy limitado, muy reducido y por más que intentas enseñarle a ver las cosas positivamente, se niegan. ¡No lo conciben! Y todo estaría genial si no nos afectara como nos afecta. Para eso quiero que volvamos a trabajar sobre tu entorno. Vamos a ello.

"No hagas a los demás lo que no quieras que te hagan a ti"
- Confucio -

Reto del Día 16: Aleja a los tóxicos de tu vida

Parece lógico: si las personas tóxicas te hacen daño, aléjate de ellas.

Pero ¿qué pasa cuando físicamente no nos podemos alejar? ¿Qué pasa si es nuestro jefe y no podemos simplemente ignorarlo? ¿Qué pasa si la persona que nos pega esa negatividad es nuestro padre, nuestra hermana o nuestro compañero de piso?

Siempre recomendaré alejarse físicamente de estas personas, pero si no fuera posible, sigue estos pasos:

1. Si no puedes alejarte físicamente, aléjate mentalmente. Para alejarte mentalmente debes pensar en otra esfera distinta a la que estabas normalmente. ¿Que esa persona siempre habla de temas terrenales? Pues tú hablas de temas espirituales. ¿Que esa persona está siempre criticando a todo el mundo? Pues tú practica el amor y el aprecio... La cuestión es irte a los polos opuestos de la energía que está emanando esa persona tóxica.

2. Ponle freno. Cuando esa persona tóxica esté en su "monólogo de negatividad" y estés cerca, bloquea su avance. Practica el cambio radical de conversación, por ejemplo: "¿Pero tú has visto qué pelo tan bonito tengo hoy?" De esta manera la otra persona se fijará en tu pelo y dejará el diálogo negativo que estaba practicando. Otra posibilidad sería levantarte y hacer otra cosa o sencillamente excusarte para ir a otro lado.

3. Muestra tu punto de vista practicando la asertividad. No basta con desviar los temas, muchas veces necesitamos decir abiertamente "eso no es lo que yo pienso". Para ello, cuando la persona tóxica esté a tu lado y hablando de manera negativa y distorsionada, dile lo que piensas practicando la asertividad. Por ejemplo: "Ése es tu punto de vista, sin embargo, yo creo que las cosas pueden ser distintas..." Empieza asintiendo o haciendo alusión a lo que estaba diciendo tu interlocutor y luego sigue dejando claro que lo que dices es "tu opinión".

Siempre es bueno respetarnos a nosotros mismos y eso no quiere decir que vayamos a discutir con la persona que tenemos delante. Que tengamos opiniones distintas no quiere decir que no nos podamos llevar bien. Quizá esa persona es tóxica en un apartado de su vida, pero por otra parte nos llena muchísimo.

¡Nunca hay que olvidar que somos seres complejos y que todo el mundo necesita una segunda oportunidad!

Recuerda

Si puedes alejarte de las personas tóxicas (físicamente) mejor, si no, aléjate mentalmente (a nivel de pensamiento). Recuerda que no somos quién para juzgar ni para menospreciar a nadie.

Aunque una persona tenga un aspecto "tóxico" para ti, es posible que por otra parte esté llena de vida y de buenas vibraciones. Y, sobre todo, sé cortés. No es necesario perder las maneras y la educación.

Día 17: Tú mandas en tu vida

Con este día cerramos el bloque de emociones y he dejado lo mejor para el final.

Realmente las emociones y los pensamientos están íntimamente ligados: uno retroalimenta al otro y viceversa. Así, tenemos los sentimientos, que no son más que el resultado entre lo que pensamos y lo que sentimos.

Es inevitable que las personas a nuestro alrededor afecten a nuestra vida y alteren nuestras emociones. El problema está en precisamente esto: darles el poder de afectarte.

Porque es normal que te afecte cómo está tu pareja, lo que piensa de ti tu familia (y aún eso se puede poner en tela de juicio). Pero lo que no tiene sentido es que le des el poder a tus enemigos o a desconocidos para hacerte sentir mal. Y para eso vamos a trabajar hoy la cesión de poder.

"La palabra es mitad de quien la pronuncia, mitad de quien la escucha".
- Michel de Montaigne -

Reto del Día 17: No le des a nadie el poder de afectarte

Quiero que pienses en alguna persona que te hace daño con sus palabras, con sus formas, con su forma de comportarse contigo. Esta persona te servirá para la tarea de hoy (y luego podrás extrapolarla a todas las otras personas que te hacen daño).

1. Piensa en una persona que el mero hecho de estar con ella o hablar con ella te haga sentirte mal: te sientas culpable, infravalorada, poco querida...

2. Pregúntate: ¿Cuánto poder le estás dando a esa persona sobre tu vida? Imagina que esto fuera como en las películas americanas y ella fuera tu superior. Si te diera una orden la tendrías que obedecer sin rechistar... ¡pero no estamos en ninguna película y esa persona no es un militar con rango superior a ti!

¡Ojo! Podrías decir "es mi jefe y sí tiene poder sobre mí". Bueno, eso es verdad a medias. ¿Realmente cuál es su poder como jefe: que tú trabajes o que tú te sientas mal? Creo que tu jefe simplemente está haciendo su labor de superior y quiere que trabajes de una determinada manera, pero eso no le da poder sobre tus sentimientos.

3. Aunque en nuestra vida tengamos muchos roles (yo por ejemplo soy hija, hermana, amiga, música, psicóloga, colega...), no en todos tenemos los mismos derechos ni obligaciones. Pero, ante todo, somos PERSONAS y eso no se nos puede equivocar.

Yo soy Ana, y si yo me siento mal o me siento infravalorada en un área de mi vida, me afectará a mí como persona y afectará al resto de mis roles. Por eso, ten cuidado con a quién le das el poder de jugar con tus sentimientos, porque no le estás dando el poder en ese ámbito exclusivamente... LE ESTÁS DANDO PODER SOBRE TODA TU VIDA.

4. ¿A quién le das el poder de afectarte? Supongamos en una fiesta que me presentan a unas personas y me miran mal, acto seguido me siento cohibida, incómoda y elijo irme de la fiesta. ¿Te das cuenta de que le has dado el poder a unos desconocidos, un poder que ha hecho que te vayas llorando de ese sitio? Elige a quién le das el poder.

5. A esta persona con la que estás haciendo el ejercicio, ¿qué poder le estás dando sobre ti y sobre tu vida? Recuerda que, por muy cercana que sea esa persona, no es más cercana ni debería importarte más que tú mismo. **Tú eres la persona más importante de tu vida.**

Recuerda

Ten cuidado a quién le das el poder para afectar a tus sentimientos. Mantén la llave de tu corazón a salvo. ¡Que sólo las personas que tú realmente quieras sepan la contraseña!

TE SIENTES MAL POR LO QUE TE DICEN LAS PERSONAS
¿CUÁNTO PODER LES DAS?

CUARTA PARTE:
Hábitos no saludables y conductas tóxicas

"El hombre que ha cometido un error y no lo corrige,

comete otro error mayor."

- Confucio -

Día 18: Las adicciones

Inauguramos el cuarto y último bloque de este Detox. En este caso vamos a hablar de los hábitos, conductas y rutinas que tenemos en nuestro día a día y que son los responsables de que vivamos como vivimos.

Si queremos ser más felices, si queremos disfrutar más... indudablemente tendremos que cambiar nuestros hábitos. Para ello primero vamos a abordar las adicciones, que no son más que los hábitos no saludables que tenemos y que nos perjudican en cierta manera.

Vamos a ver cómo quitarnos esas adicciones (sobre todo a nivel emocional).

"Cultiva solo aquellos hábitos que quisieras que dominaran tu vida".
- Elbert Hubbard -

Reto del Día 18: Tus adicciones sólo te hacen daño a ti

Toda adicción tiene un componente emocional. Si fumas, quizá lo hagas porque te ayuda a desestresarte, o porque crees que te hace parecer más "sexy" y misterioso. Si por ejemplo bebes alcohol, lo más seguro es que lo hagas por habituación y porque si no lo hicieras, las personas a tu lado te mirarían raro y eso te haría sentir mal, por lo que sigues haciéndolo. Etc.

Los hábitos que se convierten en adicciones están compuestos por una conducta que quizá al principio era inocua y no hacía daño pero que después de un tiempo se ha vuelto molesta y tóxica. Para trabajar estos hábitos y empezar a desecharlos de nuestra vida, pondré un ejemplo.

1. Escoge un hábito que quieras quitarte. Por ejemplo, morderse las uñas. Yo llevo haciéndolo desde que tengo uso de razón.

2. En cuanto lo tengas, establece una lista de momentos en los que esa adicción ocurre. Intenta ser muy fiel y concienzudo. Yo por ejemplo me muerdo las uñas cuando estoy nerviosa y cuando tengo hambre.

3. Intenta adivinar qué satisfacción te aporta tu adicción y localiza esa sensación en ti. A mí, por ejemplo, morderme las uñas me produce una mezcla entre tranquilidad y placer, aunque si profundizo un poco más, esas sensaciones dejan paso a más inquietud y más estrés (porque cada vez que hago mi adicción mi umbral de relajación baja, por lo que necesito morderme las uñas durante más tiempo para provocarme tranquilidad).

Se dice que fumar realmente no da placer ni da satisfacción, lo que aporta es displacer. El displacer es dejar de sentirte mal, pero no significa sentirte bien. Imagina una línea horizontal que representara un estado de equilibrio. Cuando estamos anímicamente por debajo de esa línea, el fumar no hace que nuestro estado suba hacia estar menos mal (es decir, no sube nuestro estado por encima de la línea de equilibrio, lo que hace es que no descienda más).

4. En cuanto te des cuenta de que tu adicción realmente no te aporta una satisfacción pura, sino que te aporta una mezcla entre satisfacción y dolor (por seguir manteniendo la conducta adictiva), podrás elegir un hábito que te aporte la misma satisfacción, pero no tenga ese componente doloroso. Por ejemplo, si lo que quiero es tranquilizarme y por eso me muerdo las uñas, lo que haré será buscar otra conducta que me aporte tranquilidad, pero no me cree dolor. Esa conducta podría ser: respirar profundamente 3 veces, salir a ejercitarme, leer, etc.

5. Repite tu nuevo hábito, ese que sustituye a tu adicción en lo bueno y repítelo hasta que acabe este detox (que quedan pocos días). ¿Crees que podrás hacerlo?

Recuerda

Una cosa es placer y otra distinta la felicidad. Nosotros buscamos la felicidad, el placer te da satisfacción momentánea, pero puede conllevar sufrimiento posterior o frustración.

Las adicciones nos dan placer momentáneo, pero no nos hacen felices. Comienza a crear hábitos que te llenen de felicidad todos los días.

Día 19: Tu salud es lo más importante

Estamos ya enfilando los últimos días de este Detox y, como estamos en el bloque de hábitos, esta clase es obligatoria.

Y es que no sólo basta con hacer la dieta del bikini o dejar de beber alcohol una temporada... ¡La salud es un asunto que nos lleva toda la vida! No hay que tomárselo a la ligera.

Quisiera aprovechar este día para hacerte ver un punto de vista distinto que te ayudará a vivir más plenamente cada día de tu vida.

> *"Cuida de tu cuerpo, es el único lugar que tienes para vivir".*
> *- Jim Rohn -*

Reto del Día 19: La salud es algo que te acompaña todos los días

Quiero que pienses que tu cuerpo es tu santuario, es tu recipiente, el "pellejo" en el que vas a estar toda tu vida... Pero no es sólo eso.

Tu cuerpo te ayuda a moverte por este mundo.
Tu cuerpo es un sistema perfectamente diseñado para buscar el equilibrio.
Tu cuerpo transforma la comida que ingiere en los nutrientes necesarios para funcionar.
...

Pero recuerda, tu cuerpo tiene memoria. Si lo intoxicas con sustancias (alcohol, tabaco, drogas), tu cuerpo se resentirá.

Si en vez de alimentos saludables lo alimentas con comidas procesadas, le costará mucho metabolizar.

Me gustaría que pensaras que no es cuestión de "hoy como esto, pero mañana me pongo a dieta". Todo lo que haces con tu cuerpo se queda en tu cuerpo, y no es un vertedero.

¿Tú le darías a tu coche gasolina si es de diésel? No, evidentemente, porque te lo cargarías. Sin embargo, hacemos eso con nuestro cuerpo, comemos lo primero que pillamos pensando "ya adelgazaré en verano".

Déjame decirte algo: Lo que le haces a tu cuerpo, se lo haces para siempre.

Así que, a partir de ahora, piensa que tu cuerpo no puede funcionar con combustible de baja calidad, tienes que darle alimentos de verdad. Piensa que tu energía es tu motor, y si no te cuidas ni te ejercitas, estarás bajo mínimos.

Para hoy, éstas son tus tareas:

1. Tomar alimentos saludables: alimentos reales (verduras, legumbres, carnes, pescados...). Olvida lo procesado, olvida los azúcares añadidos. Imagina que tuvieras que comer sólo cosas que fabrica la naturaleza.

2. Ejercítate: haz algo de deporte. Sal a caminar, practica natación, running, sal con la bicicleta... ¡Lo que sea! Vale incluso subir y bajar escaleras. Simplemente mueve tu cuerpo, desentumece esos músculos.

Sólo te pido estas dos cosas. ¿Podrás hacerlas? ¿Podrás cuidar a tu cuerpo?

Recuerda

No procrastines (no dejes para mañana algo que es cuestión diaria: tu salud).

Vigila qué alimentos sueles echarle a tu cuerpo y piensa bien si eso es lo que tu cuerpo necesita. Ejercítate y conecta con la energía de tu cuerpo. ¡Es tuyo y tienes que cuidarlo!

TU SALUD ES TU MAYOR TESORO

Día 20: Tu rutina

¿Sabes qué diferencia a un deportista de élite de un deportista ocasional? ¿Sabes qué diferencia a un exitoso bróker de un aficionado a las finanzas? Los hábitos, el tiempo que le dedican a sus tareas dentro de su rutina.

Los hábitos son pequeñas acciones que repetimos cotidianamente y que conforman nuestra rutina diaria.

¿Qué es lo primero que haces cuando te despiertas? Quizá te haces el desayuno, quizá leas el periódico o chequees el email. Todas esas conductas que hacemos de manera automática son las que determinan cómo vivimos.

Y cambiar los hábitos y cambiar nuestra rutina no es tan sencillo como parece, pero sí que se puede hacer si sigues ciertas pautas. ¡Vamos a verlas!

"Somos lo que hacemos cada día. De modo que la excelencia no es un acto, sino un hábito"
- Aristóteles -

Reto del Día 20: Tu rutina es la clave de tu cambio

Para tener una vida plena no basta con simplemente leer un libro, hacer un curso o ir a una conferencia. No, es un trabajo diario (igual que te decía con la salud justo ayer).

Así que, si quieres cambiar algo en tu vida, debes cambiar tus hábitos que cambiarán tus rutinas.

Resérvate ahora mismo media hora para hacer este ejercicio (me lo agradecerás más adelante).

1. ¿Qué haces diariamente? Coge un papel y boli ahora mismo y escribe en qué inviertes tu tiempo desde que te levantas hasta que te acuestas.

2. En cuanto tengas plasmado en un papel tu rutina, observa qué hábitos son inconscientes y haces sin pensar. Por ejemplo, yo, nada más levantarme, voy a la cocina a hacerme el desayuno. ¡Sin desayuno no rindo! Para mí, ése es un hábito inconsciente. ¿Cuál o cuáles son los tuyos?

3. Piensa qué nuevos hábitos vendrían bien en tu rutina (y en tu vida, porque nuestra rutina determina nuestra vida). Quizá quieras dedicarle más tiempo a leer, aprender un idioma, salir a hacer deporte, meditar... Plantéate por lo menos 3 nuevos hábitos y elige uno con el que vas a empezar.

4. ¿Te acuerdas de que te he dicho cuáles son tus hábitos inconscientes (en el paso 2)? Pues ahora quiero que aproveches uno de esos hábitos inconscientes para anexionarlo con el nuevo hábito que quieres incorporar a tu vida. Por ejemplo, si yo quisiera integrar hacer deporte, me ayudaría de mi hábito inconsciente de desayunar. En cuanto esté en la cocina preparándome el desayuno, sabré que justo después (o antes) me toca ejercitarme. Fácil, ¿no?

5. Poco a poco diseña tu rutina, esa que está llena de hábitos emocionalmente saludables y que te hacen feliz. ¡Esa es la vida que queremos tener!

Recuerda

Toda nuestra vida gira en torno a hábitos y esos hábitos son los que hacen nuestra rutina. Así que, si quieres cambiar algo en tu vida, empieza por lo que haces diariamente.

No quieras cambiar o integrar muchos hábitos de golpe, ve uno a uno.

RUTINA DIARIA ACTUAL
⚡
RUTINA (LLENA DE HÁBITOS SALUDABLES) IDEAL

Día 21: Tu tiempo vital

Hemos llegado al final de este proceso de desintoxicación emocional de 21 días. ¡Pero aún queda el último empujón!

Me gusta mucho abrirte nuevas perspectivas, nuevos puntos de vista, técnicas para liberar tus emociones y para conocerte mejor... pero sin duda lo que más me gusta es ponerte las pilas para que crees una vida memorable. Y para ello tengo que ir donde tú y yo terminaremos algún día: a la muerte. Porque todos vamos a morir, tarde o temprano. Si es una parte que tenemos que aceptar, ¿qué vida estás llevando? Morir sabemos que vamos a morir, pero ¿cómo estás viviendo?

En este último día me gustaría que viajaras conmigo, un viaje temporal. Ya sabes lo que tienes que tocar en tu vida para mejorarla, para deshacerte de la negatividad y los "extras" que no necesitas. Vamos a rematar la faena.

"Si ya sabes lo que tienes que hacer y no lo haces entonces estás peor que antes".
- Confucio -

Reto del Día 21: ¿A qué estás dedicando tu vida?

Este último bloque del detox ha ido encaminado a que te des cuenta de que lo que hacemos diariamente es lo que conforma nuestra vida. Así que ¿a qué estás dedicando tu tiempo?

Te pido una última media hora para este ejercicio. Por favor, aléjate de distracciones y vive este momento.

1. A lo largo de estos 21 días te has podido dar cuenta de los comportamientos viciados y las emociones distorsionadas que tienes normalmente. Habrás podido crear una lista de distorsiones frecuentes y sabrás cuáles son tus puntos débiles. Perfecto, ya tienes las bases sobre las que tendrás que trabajar para mejorar.

2. Imagina ahora la vida que te gustaría estar viviendo dentro de un año, justo 365 días. Imagina cómo serías físicamente, qué ropa llevarías, de qué personas estarías rodeado, en qué lugar vivirías o trabajarías, etc. Intenta visualizarlo con todo lujo de detalles (puedes cerrar los ojos si quieres para profundizar en este ejercicio de imaginación).

En cuanto lo tengas, presta atención a cómo te hablarías, qué palabras te dirías, qué te dicen las personas que tienes cerca... (¿te acuerdas de los pensamientos distorsionados que hablábamos al principio del Detox? Seguro que dentro de un año ya no mandan en tu vida).

Y en cuanto tengas una imagen vívida de cómo sería tu vida dentro de un año, déjate empapar por lo que sentirías. ¿Qué emociones primarían? ¿Cómo sería tu día a día emocionalmente hablando? Imprégnate de esas sensaciones...

3. Con esa visión, de justo dentro de un año, deberías de encontrar motivación suficiente para ir a por ese estilo de vida. ¡No pierdas ni un sólo día! Empieza hoy a crear una nueva vida llena de hábitos saludables, de pensamientos potenciadores y de emociones positivas.

Piensa en qué tienes ahora en tu vida que es totalmente prescindible:

- Que tu tiempo de ocio sea ocio sano, no un "pasatiempo". No mates el tiempo, atesóralo y gástalo en lo que realmente merece la pena.
- Aléjate de las personas que no te valoran y que te hacen sufrir y acércate a las personas que te quieren y valoran cómo eres.
- No te crees necesidades y preocupaciones innecesarias.
- Ve a por tus sueños, vence tus miedos y lánzate a conseguir esas metas que llevas tiempo queriendo conseguir.

- Perdona y pasa página. No te ancles a un pasado que te crea un lastre... vive en el presente mirando al futuro.
- Sé feliz todos los días. ¿Crees que no puedes? Ése será tu reto: encontrar un momento de alegría diario.

Recuerda

Puedes gastar tu tiempo como tú quieras, pero es tiempo que no va a volver. Gástalo con cabeza.

Invierte en ti, invierte en ser feliz, invierte tu tiempo en cosas que REALMENTE valgan la pena.

Esta vida es demasiado corta como para estar sufriendo y guardando rencores (sobre todo a ti mismo/a). ¡Sé tú al 100% cada segundo!

TOMA CONCIENCIA DE SI GASTAS O INVIERTES EL TIEMPO

⚡

VIVE UNA VIDA PLENA TODOS LOS DÍAS

Detox emocional de 1 día

Hemos llegado al final del programa DETOX. ¡Espero que te haya gustado y hayas aprendido mucho de ti mismo/a!

No te preocupes si no has hecho todos los ejercicios hasta ahora, puedes tomarte tu tiempo y hacerlos a tu ritmo.

Te traigo un pequeño regalito, para aquellos días en los que simplemente necesitas un botón de reinicio y quieres recargar tu positividad.

Se trata de unas pautas para hacer un Detox Emocional en un día. Como ya has hecho el global (de 21 días), sólo tendrás que recordar lo básico.

La finalidad de este Detox de 1 día es hacerlo cuando estés en esos días que te sientes con la energía baja, con mucha negatividad a tu alrededor y con un parloteo mental (diálogo interior) que no para de atormentarte. En ese momento es cuando este Detox Emocional de 1 día puede ayudarte.

Plan de acción para el Detox Emocional de 1 día

1. Tómate un tiempo para estar contigo mismo. Aléjate de la gente, ve a un sitio donde puedas sentirte cómodo/a y permítete estar ahí, invirtiendo en ti, recargando las pilas. El tiempo que pases ahora no es tiempo perdido, es como pararse a afilar el hacha para seguir talando más y mejor. ¡Es muy necesario parar a afilar nuestra herramienta (nuestra mente y nuestro cuerpo)!

2. Toma conciencia de tu respiración durante 1 minuto. Puedes simplemente, con los ojos cerrados, prestar atención a tu respiración, cómo entra y sale el aire... Así durante un minuto. Da igual si tu mente se evade con pensamientos o distracciones, regresa tu atención a tu respiración, aquí y ahora.

3. Ahora presta atención a tus pensamientos. ¿Cómo es ese diálogo interno? ¿Qué pensamientos son más recurrentes? ¿Qué emociones son las que están más presentes? Intenta localizar esos "bloqueos", si puedes localizarlos en tu cuerpo sería perfecto.

4. Ahora tienes identificados los mayores problemas. Bien. Ya sabes que el sufrimiento es opcional, que perdonar es el camino a una vida sin rencor, que los miedos son más que ilusiones mentales que nos bloquean el avance...**Déjalos ir.**

Haz memoria si algo te ha irritado los últimos días, si hay algún problema que te preocupe o piensas que "necesitas" algo desesperadamente... Recuerda que terribilizar todo es una enfermedad que aparece cuando hacemos una montaña de un grano de arena y que las generalizaciones no son la solución. Ése no es tu camino... **Déjalo ir.**

5. Haz recuento de tus hábitos diarios. ¿Qué estás haciendo día tras día y que no te está trayendo más que dolor? Aprovecha para hacer balance de qué tienes que deshacerte y **suelta lastre.**

6. Ahora, más calmado y con las ideas más claras, sonríe y **crea un nuevo mantra** que te sirva para este momento de inflexión en tu vida. Termina el détox de 1 día diciendo tu mantra 3 veces con la mano en el corazón mientras respiras profundamente. Ya puedes abrir los ojos y seguir con tu vida plena.

Recuerda

Todo depende de ti. Puedes tener la vida que tú sueñas, simplemente necesitas escucharte y conocerte. ¡Lo demás ya vendrá si tú estás alineado!

Y quiérete, siempre. Pase lo que pase, sea como sea.

APÉNDICE 1.
Los derechos asertivos

1.   Tienes derecho a sentir y expresar tus propios pensamientos y sentimientos.

2.   Tienes derecho a decidir qué hacer con tu tiempo, tu cuerpo y tus posesiones mientras no violen los derechos de otras personas.

3.   Tienes derecho a hacer menos de lo que puedes hacer.

4.   Tienes derecho a tener tu propia opinión y perspectiva

5.   Tienes derecho a aislarte y descansar.

6.   Tienes derecho a cambiar tus emociones, tus pensamientos y tu forma de actuar.

7.   Tienes derecho a superarte, aun superando a los demás.

8.   Tienes derecho a tener tus propios objetivos y luchar por ellos.

9.   Tienes derecho a no dar explicaciones.

10.   Tienes derecho a elegir responsabilizarte o no, de otros y de sus problemas.

11.   Tienes derecho a juzgar tus necesidades, establecer tus prioridades y tomar tus propias decisiones.

12.   Tienes derecho a ser escuchado y tratado con respeto y dignidad.

13.   Tienes derecho a disfrutar y ser feliz.

14.   Tienes derecho a cometer errores y a ser imperfecto.

15.   Tienes derecho a tener éxito.

16. Tienes derecho a decir NO sin sentirte culpable.

17. Tienes derecho a pedir algo, aun sabiendo que también la otra persona tiene derecho a decir NO.

18. Tienes derecho a no saber y preguntar lo que deseas saber.

19. Tienes derecho a ser independiente.

20. Tienes derecho a realizar cualquier cosa (ajena a la lógica o a la razón), siempre y cuando no vulneres los derechos de los que te rodean.

Pero, sobre todo, tienes derecho a no ser asertivo.

Que nadie te pise tus derechos. Defiéndelos, ahora ya los sabes.

Un regalo extra

¿Qué te ha parecido este Detox Emocional? Espero que te haya gustado.

Si quieres seguir entrenando tu Inteligencia Emocional y empezar a dominar tus emociones, te animo que visites mi página web befullness.com y te descargues **Mi guía Gratis**. Aprenderás la importancia de entrenar tus emociones con técnicas sencillas de inteligencia emocional. Aplícalas en tu vida y notarás los cambios desde el primer día.

Recuerda que puedes recuperar este programa Detox Emocional de 21 días en cualquier momento, o bien puedes realizar como recordatorio el Detox Emocional de un día y volver a conectar con lo que ya dejaste atrás.

Te deseo una vida plena y llena de emociones.